Allons-y !

P. V. STOCK, éditeur, 8, galerie du Théâtre-Français. — PARIS.

ALLONS-Y !

ÉMILE COLIN — IMPRIMERIE DE LAGNY

Allons-y !

HISTOIRE CONTEMPORAINE (Ire PARTIE)

RACONTÉE ET DESSINÉE

PAR

H.-G. IBELS

———

PARIS

P.-V. STOCK, ÉDITEUR

(Ancienne Librairie TRESSE & STOCK)

8, 9, 10, 11, GALERIE DU THÉATRE-FRANÇAIS

PALAIS-ROYAL

—

1898

Cette édition comprend toute la collection des dessins

de

H.-G. IBELS parus dans le **SIFFLET**.

Il a été tiré de ce volume 50 exemplaires sur Japon, grand format,
numérotés à la presse et signés par l'auteur.

Exemplaire N° 14

H. S. Ibels

A ÉMILE ZOLA

A l'auteur de « l'ŒUVRE »

un artiste

A l'auteur de « GERMINAL »

un homme

A l'auteur de « J'ACCUSE ! »

un citoyen

H.-G. IBELS.

LE UHLAN

LE UHLAN

Le Uhlan

L'affaire Dreyfus n'a véritablement intéressé le public que du jour où **Mathieu Dreyfus** — l'héroïque frère du condamné — dénonça, par la lettre du 15 novembre 1897, **M. le commandant Esterhazy** comme auteur du **bordereau**, base de l'accusation en suite de laquelle aurait été condamné son frère Alfred Dreyfus. L'effet fut considérable.

« La plainte était régulière, formelle, catégorique, — comme le déclara le général Billot à la tribune de la Chambre, — il devait à la justice, à l'honneur de l'officier incriminé et de l'armée, de mettre le dénonciateur en mesure de produire les preuves accusatrices qu'il prétendait avoir en sa possession. »

La conduite de l'enquête judiciaire fut confiée **au général de Pellieux.**

Dès le début de cette enquête vint s'ajouter une nouvelle accusation, portée par le **lieutenant-colonel Picquart**, qui révéla l'existence d'un **petit bleu** adressé au commandant Esterhazy — et reçu en morceaux par le lieutenant-colonel Picquart — alors chef du bureau des renseignements. — Ce petit bleu établissait les relations du commandant Esterhazy avec une ambassade étrangère et expliquait les « **fuites** » qui n'avaient cessé de se produire, même après la condamnation de Dreyfus.

Enfin la presse, elle aussi, toujours curieuse, fit une enquête, et un certain matin, le *Figaro* exhiba quelques lettres adressées à une **dame de Boulancy**, lettres dans lesquelles le comte Esterhazy, commandant major, émettait sur son pays, ses chefs et ses amours, des idées plutôt déconcertantes de la part d'un officier français doublé d'un gentilhomme autrichien — en tous les cas, indignes d'un ancien zouave du pape.

Ce fut au milieu de l'émotion causée par la publication de ces lettres que le général de Pellieux termina son instruction, et en transmit le résultat au gouverneur de Paris, qui donna au **commandant Ravary** — rapporteur du 1er conseil de guerre, — l'ordre d'informer sur l'inculpation dont Esterhazy était l'objet, et qui conclut, comme le général de Pellieux, au renvoi des fins de la plainte par une ordonnance de non-lieu.

Néanmoins, le général Saussier passa outre et ordonna la mise en jugement.

Le commandant passa donc en conseil de guerre le 10 janvier, fut acquitté, sans qu'on ait cherché à percer le mystère de la **dame voilée**. félicité par le général qui avait présidé le conseil et même embrassé par le commandant Ravary.

Ce fut, pour le commandant, un beau jour suivi de nombreux lendemains.

Quelques indignations éclatèrent.

La vaillante Séverine — Paul de Cassagnac même, — firent soupçonner l'acquittement par ordre. **Émile Zola** le dénonça, en lançant dans l'*Aurore* son superbe : « **J'ACCUSE**, » qui stigmatisait non seulement les agissements de certains officiers de l'état-major, mais encore dénonçait l'illégalité commise par le 1er conseil de guerre qui avait jugé Dreyfus — et la complaisance du second qui avait couvert cette illégalité.

Des six cents lignes que comportait cette magistrale accusation, on en retint seulement quinze !

« Un conseil de guerre vient, **par ordre**, d'oser acquitter Esterhazy,
» soufflet suprême à toute vérité, à toute justice.

» Les magistrats de ce conseil de guerre ont rendu une sentence inique,
» qui, — à jamais, — pèsera sur nos conseils de guerre, qui entachera désor-
» mais de suspicion leurs arrêts. Le 1er conseil de guerre a pu être inintel-
» ligent, le second est forcément criminel.

» Le 2e conseil de guerre a couvert une illégalité par ordre en commet-
» tant à son tour le crime juridique d'acquitter sciemment un coupable. »

Zola comparut aux assises, assisté de **maître Labori,** en même temps que M. Perrenx, gérant du journal l'*Aurore,* assisté de **maître Clémenceau.**

Les débats et la condamnation de Zola prouvèrent que la justice civile pouvait également se rendre **par ordre,** comme la justice militaire.

Un phénomène curieux :

Au cours de ce procès, plus les accusations contre le commandant Esterhazy se justifièrent, plus il fut convaincu de félonie, de malversations, plus le public s'enthousiasma. La noblesse finale de son mutisme obstiné lui conquit définitivement tous les cœurs, et c'est tout juste s'il ne recueillit pas le titre de grand Français, disponible depuis la mort de Ferdinand de Lesseps.

Esterhazy Ier ! Pourquoi pas ?

Une fois de plus,
Ce serviteur — en surplus
Des attachés d'ambassade —
Fut
Par un prince du sang entaché d'embrassade.

DANS LA GALERIE DE HARLAY

LE PRINCE D'ORLÉANS : — Mon cher commandant,
présentez-moi donc à Vervoort...

C'est alors que messieurs les officiers de l'état-major prirent carrément la défense de l'officier français, auteur des Lettres à madame de
Boulancy.

Comment, après s'être écartés de lui ostensiblement, en vinrent-ils
à lui serrer la main d'abord, à le défendre ensuite ?

— Mystère et Dame voilée !

Mettons : *Par ORDRE...*

*
* *

... Zola fut condamné, flétri.

L. D. P.
1870-1898

QUAND MÊME !

2

Le commandant eut alors toutes les audaces — sauf celle de poursuivre son dénonciateur, Mathieu Dreyfus.

Il tourna sa colère, son besoin de vengeance contre le colonel Picquart qui l'avait démasqué comme espion, et qui, s'étant procuré **— avec l'assentiment de ses chefs,** des lettres d'Esterhazy, avait le premier signalé la similitude de leur écriture avec celle du « bordereau » et continué son enquête, avec **l'autorisation du général Gonse,** — ce qui détruisait l'hypothèse qu'Esterhazy fût un contre-espion — le général Gonse devant particulièrement connaître ses agents.

****

Dès lors, pour avoir cherché la vérité et la justice, on chassa de l'armée le lieutenant-colonel Picquart ; on commença contre lui une campagne d'injures, d'insinuations odieuses, d'accusations mensongères. Le lieutenant-colonel Picquart, fort d'avoir fait son devoir, resta impassible, indifférent, ce qui augmenta la rage de ses adversaires en général et celle d'Esterhazy en particulier.

Ce dernier envoya des témoins au lieutenant-colonel qui les récusa, en déclarant qu'Esterhazy **appartenait à la justice de son pays.**

Esterhazy, après avoir pris un certain nombre de leçons boxe, canne, chausson) chez le professeur Charlemont, ne craignit pas de donner un rendez-vous au lieutenant-colonel Picquart, qui, ayant refusé le duel, n'avait aucune raison d'accepter le pugilat. Esterhazy pratiqua alors l'attaque à main armée, dans des conditions qui durent faire rougir son ancien professeur.

« ... *Dans cette lettre, M. Es-terhazy annonce au colonel Pic-quart qu'il suivra « trois jours de suite, à partir de 7 heures », telles et telles rues...*

(LES JOURNAUX.)

De la théorie à la pratique.

Or, pendant que le commandant Esterhazy s'entretenait ainsi la main, en attendant de l'avancement, un juge d'instruction, **M. Bertulus,** recueillait et s'occupait des nombreuses plaintes portées contre lui, et reconnaissait que la lettre dite « du Uhlan » était bien de la main du commandant, qui l'avait niée. Ce dernier n'en appela pas, du reste — s'inclina et n'en continua pas moins à porter l'uniforme et la croix de la Légion d'honneur.

On attendit vainement l'indignation du général de Pellieux, qui avait déclaré qu'il était intéressant au premier chef de savoir si cette lettre émanait d'un officier français. Est-il nécessaire d'en rappeler les termes — certainement oui — quand ce ne serait que pour confondre ceux qui se sont sciemment et volontairement solidarisés avec lui.

« Je suis absolument convaincu que ce peuple (c'est le peuple français)
» ne vaut pas la cartouche pour le tuer ; et toutes ces petites lâchetés de
» femmes saoûles auxquelles se livrent les hommes, me confirment à fond
» dans mon opinion. Il n'y a pour moi qu'une qualité humaine, et elle manque
» complètement aux gens de ce pays ; et si, ce soir, on venait me dire que je
» serai tué demain **comme capitaine de uhlans en sabrant des**
» **Français,** je serais parfaitement heureux. Je regrette de tout mon cœur de
» n'avoir pas été à Aïn-Draham, bien que ce soit un fichu pays, et d'avoir
» remis les pattes dans cette **maudite France.** J'ai fait toutes tentatives
» pour retourner en Algérie, et je t'envoie deux lettres qui te démontreront
» qu'Aïn-Draham est un sale pays, et qu'il n'est pas facile d'aller en Algérie,
» puisque la confiance que tu as en moi est telle que je sois obligé de prouver
» désormais tout ce que j'avance, pièces en main.

» Tu te trompes complètement sur ma nature et mon caractère ; je vaux
» certainement, au point de vue général, infiniment moins que le dernier de
» tes amis, mais je suis un être d'une toute autre espèce qu'eux ; c'est du reste
» là-dessus qu'on se trompe généralement sur mon compte ; mais, à l'heure
» présente, exaspéré, aigri, furieux, dans une situation absolument atroce, je
» suis capable de grandes choses, si j'en trouvais l'occasion, *ou de crimes,* si
» cela pouvait me venger.

» Je ne ferais pas de mal à un petit chien, mais **je ferais tuer cent**
» **mille Français** avec plaisir ; aussi, tous les petits potins de perruquier
» en goguette me mettent-ils dans une rage noire ; et si je pouvais, ce qui est
» plus difficile qu'on ne croit, je serais chez le Mahdi dans quinze jours.

» Ah ! les *on dit que,* avec le *on* anonyme et lâche, et les hommes immondes
» qui vont d'une femme à une autre colporter leur ragoût de lupanar, et que
» chacun écoute, comme cela ferait triste figure dans un **rouge soleil de**
» **bataille, dans Paris pris d'assaut et livré au pillage de cent**
» **mille soldats ivres.**

» **Voilà une fête que je rêve !** Ainsi soit-il ! »

A Monsieur Bertulus, *Juge d'instruction,*
avec tous nos remerciements.

LE RÊVE DU UHLAN

Avec de pareils sentiments, on va loin, très loin. Après la gloire, ce fut la déchéance.

Quelques-uns de ses partisans, de ses amis, l'abandonnèrent lâchement. Le **syndicat Rochefort-Drumont** continua à lui donner de l'argent, afin qu'il leur permît de nier toute relation.

Le personnage erra parmi les antichambres correctionnelles, se fit enfermer un soir maladroitement — culotta des pipes en prison — se fit relâcher grâce à la puissante protection d'amis bien apparentés, qui se compromirent en sa compagnie.

Il fut même chassé de l'armée — trop tard pour elle. Enfin, après avoir essuyé quelques plaintes en faux, abus de confiance, etc., etc., et voyant que ses amis perdaient beaucoup de prestige, que dans cette histoire qui commençait à mal tourner on risquait de laisser sa peau, il n'hésita plus : ayant le choix entre le revolver, la corde ou le rasoir, il prit l'indicateur des chemins de fer.

Il se donna de l'air. Il alla s'établir en Angleterre, où il se fera probablement pincer.

Peut-être aussi le reverrons-nous un jour ; tout est possible, même un coup d'État. Il est au mieux avec les d'Orléans.

Comme Vacher, il nous menace de ses « Mémoires » en édition populaire ; mais ce sont des promesses vagues, plutôt destinées à faire chanter les intéressés qui ne marchent plus, et pour cause.

UNE BONNE JOURNÉE

— **Dix mille francs pour les « aveux » et quinze mille pour le « démenti énergique »**! Décidément il n'y a qu'en Angleterre qu'on puisse traiter les affaires.

LE SABRE

Le sabre est fait pour défendre nos institutions
et au besoin pour les combattre.

Joseph PRUD'HOMME.

Le Sabre

Le sabre est fait pour défendre nos institutions
et au besoin pour les combattre.

Joseph Prud'homme.

Il y a déjà malheureusement pas mal de temps que le sabre ne remplit plus que la seconde de ces fonctions. On a pu le voir lors du dernier procès Zola. Il avait, du reste, manœuvré dans ce sens au procès Dreyfus, puis au procès Esterhazy ; mais comme cela se passait entre militaires, le bruit que le sabre fit, en tombant dans la balance de la Justice, se mêlant aux autres bruits de ferraille... les rares « pékins » présents ne purent distinguer.

Lors de l'affaire Zola, le sabre affirma carrément son droit de combattre nos institutions.

Au début de l'audience, la plupart des officiers cités essayèrent de *tirer au flanc*, vieille histoire d'habitude... Beaucoup se firent porter malades...

M⁰ Labori — pour une fois — eut la joie de voir adopter ses conclusions. Messieurs les officiers furent contraints — **par corps** — à venir fournir leur témoignage devant la cour d'assises.

Ils amenèrent des amis. M⁰ **Auffray** (Jules) se chargea de les placer. Leur tenue, en général, fut excellente ; il y eut bien un capitaine Bégouin qui eut la délicate intention de vouloir embrocher quelques civils qui ne partageaient pas ses opinions... Mais il s'en tint heureusement à la menace.

DEVANT LE PALAIS DE JUSTICE

— Pas besoin de carte, mon colonel ; venez, je vais vous placer avec
ces Messieurs, à la « claque.. »

La défense eut fort à faire contre une salle déchaînée et conduite par de si vaillants officiers. Avec un pareil public, il n'y avait qu'un parti à prendre : se taire.

Cependant les avocats parlèrent. M⁰ Labori et M⁰ Clemenceau tinrent tête à la horde des « **cannibales** ». Ils finirent même par leur imposer silence en les rappelant au respect de la Loi, en de hautaines apostrophes.

M⁰ Labori. — ... Ce qui dure, ce qui augmente, et ce qui porte atteinte à la Justice, ce sont ces inconvenantes manifestations qu'on ne réprime pas, qu'on n'essaie pas de réprimer.....

Silence à ceux qui ne respectent pas la justice à défaut de respecter la défense.

Et une autre fois, M⁰ Labori parlant *au nom de l'équité et du* DROIT (violentes rumeurs) :

M⁰ Clemenceau. — Je constate, du reste, que c'est le mot DROIT *qui fait crier au fond de la salle... C'est intéressant à retenir.*

Ces différents rappels au respect des droits de la défense furent considérés comme autant d'insultes à l'armée... Et **Forain** résuma ce sentiment en un dessin où il représenta un avocat envoyant ballader d'un coup de pied le képi d'un général, avec la légende : « **Et on supporte çà ?** »

ALLONS-Y

(Impression d'audience.)

— Et on supporte çà ?

Les deux avocats n'eurent pas seulement à lutter contre une salle composée surtout d'officiers faisant du bruit ; ils se trouvèrent en présence d'autres officiers, véritables orateurs, qui défendirent courageusement, pied à pied, non pas l'honneur de l'armée, mais **l'honneur du 2ᵉ bureau**, ce qui est autre chose.

Nous reviendrons, plus loin, sur l'honneur de ce 2ᵉ bureau. Disons simplement, en passant, qu'il était dirigé par le **colonel Henry**, et composé des nommés : **du Paty de Clam, Lauth, Gribelin.**

Le général de Pellieux, car c'est lui dont il s'agit, fut à la hauteur de la tâche qu'il avait assumée. Il se battit non seulement bravement, ce qui n'étonne point de la part d'un officier supérieur, mais encore intelligemment.

Il usa de tous les « trucs » employés par les professionnels du Barreau. Il fut, avec beaux gestes et bel organe, enjoué, indigné, sincère même, et s'il ne répondit pas toujours aux questions *précises* de Mᵉ Labori, il sut se réfugier derrière le *secret professionnel*, sans employer, comme le général Gonse, le mot malheureux de : **traquenard**, et sans nécessiter l'intervention du bâtonnier de l'ordre, Mᵉ Ployer. Bref, le général de Pellieux se montra le digne **élève de Mᵉ Tézénas**, avocat officiel du ministère de la Guerre.

On peut toutefois reprocher au général de Pellieux d'avoir plaidé le premier : « **COUPABLE OU NON** », d'avoir agité, étant officier supérieur, le spectre de la guerre et de la « **boucherie** », autre mot malheureux, qui condamnait un état-major, beaucoup plus occupé à fabriquer des pièces fausses qu'à préparer la **Défense nationale**. Enfin d'avoir exercé une pression sur le jury en produisant à la barre une pièce, que l'on sut plus tard fabriquée par le colonel Henry, ce qui, qu'on le veuille ou non, constitue **l'usage de faux.**

ÉCOLE D'INTONATION

Maitre X***, *chargé du cours d'éloquence militaire.* — Pour dire par exemple : « C'est à la boucherie que nous conduirons vos enfants », étendez le bras droit et la jambe droite vers un Est figuré.

Le Commandant *chargé de la surveillance.* — La jambe droite, mon général !

On a beaucoup parlé du **respect de l'armée** sans comprendre
ce que le mot « **respect** » pouvait impliquer de pureté, d'abnégation ; et
en confondant plus qu'il ne l'aurait fallu l'armée avec l'état-major.

Zola fit la distinction :

« Si quelques individualités des bureaux de la Guerre ont compromis
« l'armée elle-même par leurs agissements, est-ce donc insulter l'armée que
« de le dire ? N'est-ce pas plutôt faire œuvre de bon citoyen que de la déga-
« ger de toute compromission, que de jeter le cri d'alarme, pour que les
« fautes qui, seules, nous ont fait battre, ne se reproduisent pas, et ne nous
« mènent pas à de nouvelles défaites ? »

LES JOIES DU PARADIS

— Et le « respect de l'armée ? »

Zola, du reste, à ce moment, ignorait, comme la plupart de nous, qu'il y avait **deux justices,** — et que la justice militaire avait plusieurs poids, suivant le grade et la fonction.

Le commandant Ravary se chargea de nous l'apprendre.

Janin, *cavalier de 2ᵉ classe, en état complet d'ivresse, a insulté et frappé légèrement un sous-officier.* — **Condamné à mort.**

Murco, *sous-officier, à l'état normal, a insulté et blessé grièvement avec son sabre un cavalier de 2ᵉ classe.* — **Acquitté.**

Esterhazy, *commandant, a insulté gravement la France et ses supérieurs.* — **Acquitté avec félicitations.**

Etc...

Urbain Gohier se chargea, lui, de nous apprendre que dans l'armée, même dans l'armée professionnelle, il y avait **deux armées.**

L'une, composée des fils de cordonniers et de tailleurs, qui flanquèrent à Valmy une si forte râclée aux pères nobles, affublés des uniformes anglais, prussiens et autrichiens.

L'autre, composée des fils de ces pères nobles, qu'on appela des **Kaiserlicks**, et qui rêvèrent, tels de simples Esterhazy, de « **livrer Paris à une exécution militaire, à une submersion totale.** »

« L'une, composée d'officiers roturiers, fils de vilains, qu'une illusion
« généreuse a poussés dans la carrière et qui s'étonnent d'y être éternelle-
« ment condamnés aux corvées rebutantes et hostiles.

« L'autre, issue de la vieille féodalité militaire oppressive, haineuse,
« irréconciliable à l'esprit moderne et qui se trouve actuellement nantie
« d'un pouvoir plus redoutable que ses anciens privilèges : L'ARMÉE DE
« CONDÉ, TRANSPORTÉE TOUT ENTIÈRE DANS NOS RANGS, OU
« PLUTOT A NOTRE TÉTE, tient à sa merci l'armée de la République, et
« par l'armée menace la nation. »

Il était intéressant — **au premier chef** — de savoir que, le Code militaire en main, les fils des Kaiserlicks ont **droit de vie et de mort** sur les patriotes qui les ont naguère châtiés de leur insolence.

Il était intéressant, — **au premier chef** — de connaître les noms de ces fils de Kaiserlicks.

Il suffit de feuilleter « **les rôles de l'armée de Condé** » et de parcourir l'**Annuaire militaire** pour être renseigné — édifié.

— Il manque un « Esterhazy » à la collection pour que l'enseignement soit complet.

LE GOUPILLON

Le cléricalisme, voilà l'ennemi.

GAMBETTA.

Mon seul malheur est d'être né juif.

Capitaine DREYFUS.

Le Goupillon

Toute la question est là.

L'affaire Dreyfus est née de l'antisémitisme, mais heureusement **l'antisémitisme en mourra**.

Car c'est vraiment une trop grande honte de penser qu'à notre époque, des querelles religieuses puissent à ce point troubler, empoisonner la vie d'un grand peuple généreux qui s'est affranchi depuis plus d'un siècle et qui a conquis, entre autres libertés, celle de la pensée.

Depuis trop longtemps les cléricaux attendaient le moment propice pour violer l'huis de la République ; depuis trop longtemps leurs élèves croupissaient dans les places, les meilleures cependant, de l'armée, de l'administration, de la magistrature ; depuis trop longtemps ils désespéraient du retour aux bonnes vieilles traditions de l'Inquisition, chères à du Paty de Clam... Quand un beau jour, une bonne nouvelle leur vint par l'organe attitré, la *Libre Parole* : un capitaine **juif** était accusé d'espionnage. Ce fut du délire.

Comme on avait eu soin **d'avertir ce journal avant tous autres**, on ne fut pas long à organiser la campagne. Le plan fut très simple : marcher contre les juifs au nom de l'armée et de la Patrie, prendre et garder la direction d'un mouvement populaire aussi fomenté. On verrait, après, à lutter contre les protestants d'abord et les libres-penseurs ensuite.

LA SITUATION

C'est le moment ou jamais !

Le résultat fut des plus curieux :

Les juifs ne marchèrent pas ! Pour beaucoup de raisons.

D'abord ils n'avaient attaqué ni l'armée, ni la patrie ; ensuite, Dreyfus, quoique leur coreligionnaire, ne les intéressait pas plus qu'un autre capitaine qui se trouverait dans le même cas ; enfin, ne comprenant pas cette campagne que rien ne justifiait, ils prirent le sage parti d'attendre que l'orage soit passé.

Seuls, les **esprits indépendants** (juifs ou chrétiens) s'indignèrent des prétentions antisémitiques, prirent fait et cause au nom de la **liberté de conscience** et entamèrent la lutte, moins pour défendre les juifs que pour dénoncer le cléricalisme, sortant de l'ombre **pour étrangler la République**.

Le Coup du Père François.

Les jésuites jouèrent là leur **dernière et suprême partie**, ils employèrent tous les moyens.

Ceux de l'état-major avaient organisé le complot, ceux des villes et des campagnes s'occupèrent de le faire aboutir, en lui faisant donner une sanction légale. Ils travaillèrent pour tout candidat qui pouvait les aider dans l'exécution du plan précédemment esquissé; ils n'hésitèrent pas à s'adresser même à des républicains. Ils eurent la chance de trouver, pour les servir, des ambitieux, des canailles ou des imbéciles, **des ralliés, des antisémites** ou **des nationalistes**. Ça leur a suffi pour créer le **foyer d'agitation**, sinon l'agitation qu'ils rêvaient. Mais comme tôt ou tard **tout se sait et tout se paie**, ils auront à répondre de leurs agissements devant le peuple, et il faut espérer que le peuple saura cette fois s'en débarrasser, non pas à cause de leur croyance, respectable comme toutes les croyances, mais parce qu'ils ont été les **seuls auteurs du désordre**, en incitant les citoyens à **la haine**.

LES RALLIÉS

— Mon mari compte beaucoup sur vous, Monsieur le curé, pour préparer
le terrain d'entente.

Ils peuvent continuer leurs menées, **encombrer** sous un prétexte ou sous un autre **les bureaux** et **les antichambres de nos ministères**; ils sont **finis**. Ils rentreront comme leurs frères, les officiers politiciens, dans le rang. Ils s'inclineront devant la volonté du peuple, **ou ils s'en iront**.

Le peuple n'assistera pas deux fois au spectacle **d'un général au service de la République**, écoutant complaisamment les **discours haineux** et surtout dangereux **d'un moine** ennemi de nos institutions.

Ils ont triomphé trop vite. Ils se sont démasqués. Le Peuple a compris.

APRÈS LES ÉLECTIONS

(La carte à payer.)

— Je n'ai qu'un mot à dire à Barthou.

LA MAGISTRATURE

La question ne sera pas posée !
Président DELEGORGUE.

Je vous enlève la parole !
Président PÉRIVIER.

La Magistrature

La magistrature de Paris s'était contentée de quinze lignes extraites avec soin, pour condamner Zola. La magistrature de Versailles se contenta, elle, de trois lignes.

> « Un conseil de guerre vient, par ordre, d'oser
> « acquitter un Esterhazy, soufflet suprême à toute
> « vérité, à toute justice. »

A Paris, monsieur **le Président Delegorgue** racheta sa partialité par un bon sourire, quelques mots aimables, quelquefois spirituels comme celui de « lampiste » appliqué à **Gribelin**; il daigna même rire, lorsque **l'ineffable Bertillon** développa ses loufoqueries en demi-lunes; il se laissa de temps à autre empoigner par la superbe éloquence de Labori. Il rejeta avec grâce ses conclusions.

.•.

A Versailles, monsieur le premier **Président Périvier** fut tout autre : hargneux, désagréable et vindicatif, il s'emballa et dit des bêtises que rien ne justifiait.

Il n'y a rien au-dessus de la loi. Rien, rien, rien, pas même Zola !

Il fut même malhonnête en disant à Labori :

Vous avez ce que vous voulez. Eh bien, tant mieux !

Bref, il conduisit les débats en **véritable cocher de fiacre**, furieux de n'avoir à faire qu'une « **course** ».

Le public fut le même qu'à Paris. Esterhazy vint en spectateur; on s'était arrangé pour ne pas lui infliger une seconde audition de ses lettres.

.•.

Zola fut, une fois de plus, condamné et flétri !

— Non seulement remettre ça, mais retourner encore là-bas !...

On ne saurait en vouloir au **Procureur général Bertrand**, de n'avoir pas été des plus aimables : c'est le métier qui veut ça !

Il eut le tort, toutefois, de reprocher à Zola de « **s'être réfugié dans le maquis de la procédure** » ; ce qui d'abord était faux, puisque Zola ne cessa jamais de demander la pleine **lumière sur tout**, et ensuite maladroit, attendu que Zola avait seul le droit de se plaindre de ce **maquis** dans lequel on l'avait attiré, bâillonné et condamné une fois déjà.

Aussi, ayant été « mouché » deux fois, Zola averti fit bien de s'enfuir loin du *maquis* ou se dressaient trop d'embûches. Il avait demandé la grande bataille, et non la vendetta hypocrite et traîtresse.

Après avoir lancé la **Vérité en marche**, il avait le droit d'attendre qu'elle atteignît le but ; il lui laissait le soin de déterminer les événements qu'il avait prévus, de dévoiler les scandales qu'il avait dénoncés.

La fuite de Zola a déchaîné la colère des embusqués, elle a fait doublement notre joie.

DANS LE MAQUIS

— Nom de Dieu ! IL s'est trotté !

LE PEUPLE

LA BOURGEOISIE

Ah ! pau'v *populo*, pauv' *populo* !
Tout ça n'est pas rigolo !

Yon-Lug

Les affaires avant tout.

Un commerçant

Le Peuple

Dès le début, le peuple, pour beaucoup de raisons, assista, indifférent, au spectacle de la violation des « Droits », si chèrement acquis par diverses révolutions.

Il ne comprit pas de suite, à l'énoncé du principe des deux justices, cité par Ravary, que, souvent **victime légale** de l'une (la civile), il risquait, jusqu'à quarante-cinq ans, d'être **victime illégale** de l'autre (la militaire); ce qui se produirait infailliblement en cas d'émeute, de guerre, de coup d'État, de grèves générales ou partielles; ces maladies inhérentes à la vie d'un peuple qu'on traite (je ne dis pas : qu'on guérit) d'une seule façon, **par la saignée** que réclamait naguère Arthur Meyer.

Le peuple se ressentait encore des dernières cures : 1848, 1851, 1870, 1871. Il se souciait peu de recommencer. Il se tint donc à l'écart, sans prendre parti, attendant patiemment les événements — car il ne faut pas confondre le peuple avec les deux ou trois cents voyous embauchés à trois francs par tête, qui, autour du Palais de Justice, encadrés dans l'armée de policiers, hurla : « Mort à Zola » et « vive Esterhazy! »

Le peuple ne marcha donc pas. Il se contenta d'observer, se réservant peut-être.

Il fit bien.

En prenant parti **pour** ou **contre** la justice et le droit violés, il risquait de terribles représailles, ou favorisait les menées cléricales et dictatoriales. Dans les deux cas, la **Cavagne** triomphait.

Aujourd'hui la Cavagne est morte; c'est l'indifférence du peuple qui l'a tuée.

— Est-ce une Croix ou un Sabre ?...

La Bourgeoisie

En vertu du principe : « **les affaires avant tout** », la bourgeoisie, dont **l'intérêt** fait toujours la raison, se rangea du côté **illégal** et **injuste**.

Le monde des affaires, c'est-à-dire « les exploiteurs », eut sa pensée nettement exprimée par la voix (quelle voix ! du Cent-kilos **Georges Berry**, qui créa le fameux **coupable ou non**, symbole de la lâcheté d'hommes indignes du titre de citoyen qui fut toujours le plus beau, le plus respectable, et nous ajouterons même : le plus ancien.

Les affaires ! on sait ce qu'elles ont coûté au peuple, pendant les périodes dites : de calme.

Les affaires ! elles ont créé les **panamas** dont il a souffert, dont il souffre et dont il souffrira encore longtemps. En admettant même que cette suspension d'affaires eût des résultats néfastes, nuisibles, que cet arrêt général fût contraire aux intérêts du peuple et de la bourgeoisie, qui en est responsable ? sinon ceux qui ont laissé durer le malaise, en retardant pendant des mois et des mois les **explications si simples et si faciles à donner** aux hommes libres qui avaient le devoir de s'émouvoir, le droit d'interroger ceux qu'ils paient pour les gouverner et qui ne sont, en réalité, que **leurs domestiques**. Si les affaires n'ont pas marché au gré de la bourgeoisie, qu'elle rende responsable celui qui leur a déclaré audacieusement : « **Il n'y a pas d'affaire Dreyfus** ». Qu'elle s'en prenne à celui qui a favorisé par sa bêtise et son inconscience les tripatouillages les plus honteux, permettant ainsi de prolonger une situation anormale et... pénible.

Si, au lieu de nier l'affaire Dreyfus, on l'avait liquidée, c'était **six mois de gagnés**... pour les affaires.

ENFIN ! LES AFFAIRES REPRENNENT !

— Que penseriez-vous d'un « Quinquina Esterhazy », Régénérateur de l'Armée ?...

ROCHEFORT

DRUMONT

et quelques autres

Rochefort

Sans faire d'autres comparaisons, nous pouvons affirmer que Rochefort est, comme Boubouroche, — **une poire.**

Cent mille exemples à la clé ! Choisissons-en quelques-uns parmi les dernières aventures de sa vie politique.

Un faussaire, **Lemercier-Picard**, fabrique une pièce signée **Otto**, destinée à compromettre l'un des membres du fameux syndicat; il la porte au *Figaro*, qui la refuse, la supercherie étant tellement grossière et flagrante. Que fait Lemercier-Picard ? il va directement à l'*Intransigeant*, vend son « laissé-pour-compte » au vieux birbe ravi qui quelques jours après écope 1,000 francs d'amende et cinq jours de prison. Peine minime, le tribunal voyant qu'il avait affaire **à une poire.**

Autre exemple :

Rochefort, ayant perdu sa clientèle d'ouvriers désabusés, se rattrapa sur celle des prêtres qui, pratiquant l'oubli des injures, accoururent vers le vieux repenti, ne désespérant pas de lui donner un jour les derniers sacrements. Néanmoins, ce public ne valant pas l'autre, Rochefort créa un nouveau parti socialiste, et battit le rappel.

Quatre pelés et un tondu... que dis-je ? quatre repris de justice et un assassin figurèrent comme membres fondateurs du nouveau parti.

Le second groupe qui adhéra fut le groupe Balagny, de joyeuse mémoire.

Enfin, les Marseillais s'en mêlèrent; ils envoyèrent une adresse à Rochefort signée de noms méridionaux, Vacagat, Eudoume, etc..., qui lus à la suite formaient une phrase enjoignant au vieux marquis d'aller faire ses ordures dans un endroit réputé : « les pierres plates ».

Était-ce drôle ? Non, mais ça le devenait en première page de l'*Intransigeant.*

LE NOUVEAU GROUPE

— Rochefort a reçu notre « adresse » de félicitations! Tiens! v'là ton nom,
c'lui d'Julot et l'mien!

Rochefort n'en fit pas une maladie, mais il garda le surnom de **marquis de Vascagat**, auquel il pourrait ajouter : **né Poire**.

Enfin, après avoir sinon inventé, du moins vulgarisé l'existence du fameux syndicat, il avoua un jour ingénument que **c'est lui qui fournissait** en partie de l'argent à Esterhazy. Cent francs par mois ! Il s'étonna de ce qu'Esterhazy, n'ayant plus ce subside, pouvait encore vivre, et il en conclut que lui aussi avait été acheté par le fameux syndicat !

— Faut-il encore en citer d'autres ?

— Non.

Il est inutile d'exciter la pitié pour le pauvre vieux, et permettre qu'on oublie les palinodies funestes, les flatteries dangereuses de ce **fou-du peuple**, qui devait forcément trahir son maître, de ce clown dont la mèche pendrait lamentablement, s'il ne prenait tous les soirs le soin de l'échafauder avec les épingles à cheveux qu'on lui fait payer si cher !

DRUMONT

L'antisémitisme, cette odieuse opinion !

Fernand LABORI.

Parler de **l'homme** ? Il a si souvent parlé de lui-même et en des termes si élogieux que ce n'est vraiment pas la peine de discuter.

Parler de **l'œuvre** ? de l'œuvre néfaste à laquelle nous devons le procès Dreyfus ? on en parlera assez plus tard pour la flétrir, **lorsqu'on établira toutes les responsabilités**, lorsqu'on découvrira pourquoi et comment l'ami d'Esterhazy a reçu, **le premier**, la nouvelle des poursuites contre le capitaine Dreyfus ; lorsqu'on connaîtra les origines et le but de cette campagne odieuse qui a bouleversé la France depuis quelques années, et détruit le germe des idées républicaines et généreuses qui nous signalaient à l'admiration de tous les peuples libres ou aspirant à la liberté.

L'affaire Drumont sera le pendant de l'affaire Dreyfus ; je doute que les avocats de cette cause trouvent d'aussi beaux accents d'éloquence et d'enthousiasme pour la défendre.

De l'Or, de la Boue et du Sang !

VERVOORT

Comme nous ne devons nous rencontrer que sur le terrain judiciaire, nous laisserons à nos avocats le soin de dire ce que nous pensons du malheureux candidat aux élections législatives dans le dix-huitième arrondissement où je suis électeur, et où fut élu notre ami Sembat, quoiqu'il n'ait pas invoqué le secours de Jeanne d'Arc, à laquelle le « Jour » consacra le filet suivant :

Nos élections, cette année, tombent le 8 mai : ce n'est pas comme en 1848, le jour de Pâques, mais c'est le jour de la fête de Jeanne d'Arc. Que les électeurs songent alors à cette grande figure bien française et que, élevant leur pensée — comme le voulait Lamartine — dans la méditation d'un anniversaire, ils songent que leur premier devoir est de ne pas élire d'hommes dont la politique a été, ces derniers mois, nettement antifrançaise.

DÉROULÈDE

L'auteur de vers que l'on croirait fabriqués au deuxième bureau de l'état-major et de drames qu'on lui joue, **quand même**! Celui qui avait juré de ne plus faire de politique à la Chambre — et qui y est revenu, **quand même**!

JUDET

Cet officier de peu de réserves, dont nous reparlerons dans le chapitre spécialement consacré aux « **Faussaires** ».

. . . .

Quant au reste... (*Voir aux annonces.*)

DIALOGUE DES MORTES

La Madeleine. – Il est jeune, il est beau...
Jeanne d'Arc. – Possible, mais le vieux me fait trop peur.

LE CAS MILLEVOYE

Quand on fait partie d'une pareille bande, on n'a pas le droit de jouer les ingénus et on n'a qu'à baisser la tête le jour où on est pris la main dans le sac.

Henri ROCHEFORT.

Le Cas Millevoye

La place et les mots nous manquent pour donner, même vaguement, l'impression de cette séance de la Chambre où *M. Millevoye*, député d'Amiens, vint à la tribune communiquer une liste de gens qui auraient touché de l'argent de l'Angleterre et dans laquelle figuraient, entre autres, *Rochefort* pour une somme de 3,600 livres, soit 90,000 francs, et *Clemenceau* pour 20,000 livres, soit 500,000 francs.

A l'audition de ces deux noms, la Chambre comprit à qui elle avait affaire et vota à l'unanimité l'ordre du jour déposé par M. Maujan, qui vint à la tribune résumer l'indignation générale.

M. MAUJAN. — Bien que la justice soit saisie, il est impossible qu'une grande Assemblée ne conclue pas, dans une pareille affaire, par *un ordre du jour méprisant.*

C'est pourquoi je dépose, sans commentaires, l'ordre du jour que voici :

« *La Chambre, flétrissant les calomnies odieuses et ridicules apportées à la tribune et regrettant d'avoir perdu pendant toute une séance le temps du pays, passe à l'ordre du jour.* » (Applaudissements.)

Du reste, nous renvoyons le lecteur au compte rendu officiel reproduit par tous les journaux à la date du *24 juin 1893*, de cette mémorable séance au cours de laquelle *M. Millevoye* fut forcé de *démissionner.*

Les appréciations de tous les journaux, sans distinction de parti, furent également sévères ; il serait intéressant d'en citer quelques-unes.

Nous nous contenterons de donner quelques extraits des articles de *M. Rochefort*, qui, *accusé* par M. Millevoye, était à même de faire la lumière et de dire la vérité. — Ce qu'il fit.

Mais à notre tour, nous prenons le droit, comme électeur, d'enfermer M. Rochefort dans un de ces dilemmes qui sont une des formules de son esprit resté au moins logique : Ou ce qu'il écrivit de Millevoye est vrai, alors il n'avait plus le droit de recommander son diffamateur aux électeurs ; ou c'est faux : dans ce cas, M. Millevoye ne devait pas accepter le patronage de son insulteur.

La parole est au citoyen Rochefort.

LES DEUX COMPÈRES

Intransigeant, 24 juin 1893.

DÉMISSION DE DÉROULÈDE

Déroulède, qui depuis quelques instants donne des signes visibles d'impatience mal contenue, s'écrie tout à coup :

« Monsieur le président, je sors de cette Assemblée, je donne ma démission de député ; je ne fais plus de politique ici ! » *(Applaudissements sur un grand nombre de bancs. — Agitation.)*

Et Déroulède, afin de ne pas se solidariser plus longtemps avec Millevoye, quitte immédiatement la salle des séances.

25 juin 1893.

Je dispense le facétieux Millevoye de me fournir aujourd'hui les renseignements que je lui demandais hier.

Je suis allé moi-même les chercher au Foreign-Office, où j'ai eu la chance de rencontrer sir *Th. W. Lister,* — qui résume ainsi sa pensée : « C'est une bande d'escrocs qui aura voulu exploiter une bande d'imbéciles... »

Et Rochefort répond :

Quant aux imbéciles, leurs noms sont dans toutes les bouches ; je me demande même comment la police a consenti à paraître donner dans le panneau en perquisitionnant à *la Cocarde,* dont le directeur a uniquement cherché à vendre son papier, fût-ce pendant deux ou trois jours.

Henri ROCHEFORT.

Lundi 7 août 1893.

..... Les fautes d'orthographe étalées sur le drap de la tribune par le Millevoye — non de la chute des feuilles, mais des portefeuilles . . .

MM. Déroulède, Millevoye, Lagrené et les autres cléricaux de la bande pouvaient avoir intérêt à se débarrasser de moi, qui les gênais par mes résistances à leur politique orleano-congréganiste . . . . . .

Henri ROCHEFORT.

— Monsieur Millevoye ?

— C'est ici !

— Nous venons de la part de Monsieur le marquis de Rochefort-Luçay.

10 août 1893.

NÉCROLOGIE

. . . .
MM. Millevoye, Lagrené, Morès et Cesti qui sont des catholiques
de la bonne marque. . . . .
Quant à Millevoye, ce grand dépendeur d'andouilles (l'andouille
c'est lui-même) était tout indiqué pour prononcer l'éloge du *mort*.

26 juin 1893.

RAMASSEURS DE MÉGOTS

Je le constate ici, non sans un légitime orgueil : c'est *surtout contre
moi que le complot avait été ourdi.* . . . .
Toute la question est d'établir si en lisant la nomenclature des traî-
tres, le député Millevoye la supposait exacte ou la savait apocryphe.
Dans le premier cas, il n'aurait été que jobard, ce qui ne ferait pas
honneur à son intelligence.
Et Rochefort, avec esprit, développe ce premier cas qui prouve *la
jobarderie* de Millevoye dont il n'a jamais complètement sondé la naïveté.
Et il conclut sévèrement :
Le Code ne punit pas la bêtise — malheureusement — mais il *vise le
faux.* S'il est donc démontré que les anabaptistes, dont Constans est le
Jean de Leyde. ont mis en circulation des pièces qu'ils avaient falsi-
fiées, leur situation s'aggrave dans des proportions considérables.

Henri ROCHEFORT.

Et ce Millevoye a été substitut sous l'Ordre Moral ! S'il a bâti ses
réquisitoires sur des bases aussi sérieuses, on est effrayé du nombre
d'innocents qu'il aura envoyés dans les maisons centrales.

. . . .

. . . .

C'est justement parce qu'il a trahi le parti de Boulanger, pour s'of-
frir à celui de Constans, que le collaborateur de Ducret, Cesti, Maigre
et Norton a disparu dans le cloaque vidangiste.

Henri ROCHEFORT.

4 juillet.

SOCIALISME ET BOULANGISME

M. Millevoye, dont l'attitude devrait être celle du silence et du re-
mords, essaye encore de verser des larmes de crocodile dans le gilet des
reporters.

. . . .

LE COMPLOT

Mardi, 8 août 1893.

QUEL MONDE !

. . . .

Et Millevoye ? Norton l'a peint en deux phrases : il a d'abord cru à l'authenticité des documents parce que c'est un crétin, et quand il les a sus notoirement apocryphes, il s'en est servi tout de même parce que c'est un misérable.

Henri ROCHEFORT.

Intransigeant. 26 juillet 1893.

LA MAIN DES D'ORLÉANS

. . . .

Tout le monde, le jour de la culbute d'Eucalyptus-Millevoye, a pu remarquer le silence des Droites, pendant que de toutes les autres parties de la Chambre on lui envoyait des interruptions qui équivalaient à des pommes cuites . . . .

Puisque MM. *Déroulède, Millevoye, Ducret et leurs complices se prétendaient républicains,* il ne leur aurait coûté pas plus d'ajouter à nos noms deux ou trois réactionnaires . . . .

Personne n'a été mystifié et tout le monde était d'accord pour perpétrer *ce mauvais coup, préparé de connivence avec de nombreux familiers des d'Orléans.*

Depuis longtemps, MM. Déroulède et Millevoye tentaient de faire le siège de notre journal ainsi que de ma personne. Ils faisaient fréquemment le voyage de Londres pour venir *me demander de mettre une sourdine à l'expression parfois violente,* je le reconnais, de mes expressions *anticléricales.*

C'est quand ils ont constaté, par un redoublement de mon impiété naturelle, le peu de succès de leurs objurgations, qu'ils ont pensé qu'il ne restait plus qu'à me perdre ; et tranquillement, au hasard, « à la flan », comme dirait leur ami le mouchard Werther-de-Cesti, ils ont ajouté mon nom à celui de cinq ou six députés ou journalistes qui, je crois, n'étaient là que pour nous servir de repoussoir, à Clemenceau et à moi.

Henri ROCHEFORT.

Toujours Lui! Lui partout!

Samedi, 5 août 1893.

Comme je ne tiens pas à passer pour un imbécile — il n'y en a que trop dans cette affaire, Millevoye compris . . . .

Et *Folle-Avoine* interrogé a fait au juge d'instruction cette réponse de haute chevalerie :

On m'avait averti, en effet, que les documents étaient faux, mais je n'y avais attaché aucune importance.

. . . .

Le soir même du jour où son ami Folle-Avoine était fauché dans sa fleur par la faux du ridicule, M. Déroulède m'assurait par dépêche de son entière sympathie et m'annonçait son arrivée à Londres.

Henri ROCHEFORT.

Nos lecteurs doivent être maintenant suffisamment édifiés sur la sincérité de l'estime que Rochefort professe pour M. Millevoye.

Nous rappellerons à M. Rochefort que, dans notre numéro du 13 mai, nous lui avons demandé comment il pouvait se faire qu'après avoir si justement vilipendé cet homme, il le couvrît maintenant de son patronage.

A M. Millevoye nous avons demandé comment il avait pu accepter le patronage de son insulteur.

Ni l'un ni l'autre n'ont répondu.

Les électeurs du XVIe ne referont pas une honorabilité à l'homme qui a accepté ces insultes sans trouver aucune défense, à celui qui, député d'Amiens, dut démissionner sur l'ordre du jour infamant que l'on sait :

« *La Chambre, flétrissant les calomnies odieuses et ridicules apportées à la tribune et regrettant d'avoir perdu pendant toute une séance le temps du pays, passe à l'ordre du jour.* »

L'HORLOGE FATALE

« L'heure de la Justice ! »

LE PRÉSIDENT

« Marianne, il fait grand vent, et j'ai tué six loups !...

VICTOR HUGO.
(Ruy Blas.)

Le Président

Le *Matin* a résumé très spirituellement le rôle actif du président pendant les **vingt-quatre premiers jours du mois de septembre**, au moment où, les événements se précipitant, la présence du chef de l'État était tout au moins nécessaire, sinon indispensable. Nous laissons à ce memento toute sa saveur, tout en faisant remarquer **qu'il y a plus de six mois que cette situation dure.**

Le 1er septembre. — Nomination du général Renouard comme chef d'état-major général, en remplacement du général de Boisdeffre, démissionnaire après le suicide du lieutenant-colonel Henry. — M. le président de la République part pour le Havre.

Le 2. — Discussion entre les ministres sur l'affaire Dreyfus. — M. Félix Faure est au Havre.

Le 3. — M. Cavaignac donne sa démission de ministre de la guerre. — M. le président de la République fait une excursion en mer.

Le 4. — Conseil des ministres à l'Élysée. — M. Félix Faure, de retour à Paris, manque l'ouverture de la chasse.

Le 5. — M. le général Zurlinden est nommé ministre de la guerre. — Le président a passé toute la journée à Paris.

Le 6. — Conseil des ministres. — A l'issue du conseil, M. Félix Faure part pour Rambouillet.

Le 7. — Fuite du commandant Esterhazy. On parle de la convocation des Chambres. — Le président fait une promenade à cheval dans la forêt de Rambouillet.

AVANT

— Voyons, Le Gall, où irons-nous demain ?

Le 8. — Le lieutenant-colonel Picquart signe une demande de mise en liberté provisoire. — M. Félix Faure chasse à Rambouillet.

Le 9. — On cherche le commandant Esterhazy. — M. Félix Faure chasse à Rambouillet.

Le 10. — Le président de la République envoie un télégramme de condoléances à l'empereur d'Autriche ; après quoi, il se rend à la chasse chez M. Poirier, sénateur, à Béhoust.

Le 11. — M. Sarrien a terminé l'examen du dossier Dreyfus. — A cause de la mort de l'impératrice d'Autriche, M. Félix Faure décommande une grande chasse officielle. Il chasse tout seul avec un de ses officiers.

Le 12. — Mise en non-activité du lieutenant-colonel du Paty de Clam. — Le président part pour Moulins.

Les 13, 14, 15 et 16. — Manœuvres du Centre, auxquelles assistent le président de la République, le duc de Connaught et M. Crozier, tous les trois à cheval.

Le 17. — Démission du général Zurlinden ; nomination de son successeur, le général Chanoine. — Le président repart pour Rambouillet.

Le 18 (dimanche). — Le président chasse à Rambouillet.

PENDANT

Il y a longtemps que je ne suis pas allé à Rambouillet !

Le 19. — M. Lockroy visite l'arsenal de Toulon. — M. Félix Faure chasse chez M. le comte Potocki.

Le 20. — Au conseil des ministres, tenu à l'Élysée, M. le général Zurlinden est renommé gouverneur de Paris. — Le président retourne à Rambouillet.

Le 21. — Procès Picquart-Leblois. — Chasse à Rambouillet.

Le 22. — Le lieutenant-colonel Picquart est transféré à la prison du Cherche-Midi. — M. Félix Faure va visiter la cathédrale de Chartres, puis il rentre à Rambouillet.

Le 23. — Le drame de *la Lanterne*. La commission de revision termine son travail. — M. Félix Faure chasse chez M. Frisch, comte de Fels.

Le 24. — Conseil de cabinet, où l'on examine la question de la revision. — M. le président chasse...

Que d'événements !... Et le mois n'est pas fini.

CONCLUSION

Le gardien de notre Constitution n'a même pas su être le soliveau couronné de la fable, comme l'exigent ses attributions.

Un soliveau ne voyage pas ainsi. Il reste en place jusqu'au jour où un accident quelconque le fait tomber.

Alors on le remplace par un autre.

Et voilà !

APRÈS

Le Droit prime la Force.

LA CAVAGNE

« Il a tout su, tout étouffé, tout couvert.

ÉDOUARD DRUMONT.

Cavaignac a fait la lumière parce qu'il ne pouvait plus faire les ténèbres,

CLEMENCEAU.

La Cavagne

Cet autre soliveau ne sera pas M. Cavaignac!

Quoi qu'il en ait eu le très grand désir et qu'il ait même cru un moment que c'était arrivé.

M. Cavaignac a fait trop de bêtises!

Après avoir affirmé qu'ils présentaient «toutes les garanties d'authenticité », il a fait sanctionner **trois faux** par la majorité de la Chambre des députés!

Il a fait afficher ces trois faux sur les murs de nos trente-six mille communes!

Il a dit qu'il y avait un rapport Lebrun-Renault, et **il n'y en avait pas**!

Il a laissé ses rasoirs à Henry!

Il a fait semblant de sévir contre Esterhazy.

EN REVENANT DE LA REVUE

Lequel ?

Mais c'était pour la frime, parce qu'il savait bien qu'Esterhazy était l'ami et le complice de **son cousin** du Paty de Clam.

Cavaignac a raté la présidence, parce que nous en avons assez des présidents mal apparentés.

Il sera simplement président de la nouvelle Ligue des Patriotes ; c'est maigre, mais c'est bien assez pour lui !

— Regarde, Margot, la belle pipe que je reçois.
— C'est encore une femme qui t'a envoyé ça ?
— Non, ma chérie, c'est Cavaignac !

LES INTELLECTUELS

« Malheur à ceux qui laissent le glaive
» s'émousser!... Il faut s'armer de la force
» coercitive, brandir le glaive, terroriser, couper
» des têtes !
» Il faut, même au prix du sang, mater les
» prétentions du civilisme qui veut se subor-
» donner le militaire.

Discours du PÈRE DIDON,

à une distribution de prix chez les jésuites de Saint-Mandé, sous la présidence du général Jamont.

Les Intellectuels

L'acte courageux d'Émile Zola eut comme premier résultat d'éveiller l'attention et ensuite l'admiration des citoyens soucieux de conserver les droits attachés à leur titre.

Il paraît que la connaissance de ces droits nécessite une instruction, une érudition des plus complètes, une éducation peu à portée du vulgaire, puisqu'au seul énoncé des plus élémentaires de ces droits la foule s'insurgea, se fâcha, — comme se fâchent les gens qui ne comprennent pas. — Sous l'empire de la colère elle chercha, trouva et jeta l'insulte : **Intellectuels**! On compte en effet très peu d'imbéciles parmi ceux qui signèrent les éloquentes protestations publiées par l'*Aurore*, le *Siècle*, les *Droits de l'Homme*.

Quelques noms :

En littérature : Anatole France, Mirbeau, Descaves, Jean Ajalbert, Pierre Quillard, de Pressensé, Séverine, Bernard Lazare, Mauclair, Gustave Geffroy, Georges Courteline, Lucien Victor-Meunier.

En politique : Scheurer-Kestner, Trarieux, Thévenet, Ranc, Yves Guyot, Sigismond Lacroix, Joseph Reinach.

En sciences : Grimaux, Viollet, Gabriel Monod, Havet, Duclaux, Giry, Paul Meyer (tous membres de l'Institut), Molinier, Couat, Giry, Stapfer, Buisson, Félix Pécaut.

En art : Carrière, Claude Monet, Pissaro, Clairin, Desmoulins, Bruneau.

J'en passe... et des meilleurs !

Intellectuel devint le synonyme d'anti-patriote, mouchard, espion, traître, **vendu au syndicat**, comme s'il y avait un syndicat assez riche pour acheter toutes ces consciences !

L'ESPRIT DU SABRE

— Intellectuels !.... tas de rossards !.... serrer la vis !!!

Dans cette lutte engagée au nom de la liberté du droit et de la justice, il y eut des victimes, presque des martyrs.

Pour n'avoir pas été « **complaisants à la colère publique** », selon l'expression de Victor Hugo, rappelée par Pierre Quillard :

Grimaux, professeur à l'École polytechnique, membre de l'Institut, savant chimiste des plus honoré, fut *chassé* de cette école où il avait instruit tant d'officiers ;

Andrade, professeur de mathématiques à Rennes, s'étant permis d'écrire au général Mercier « qu'il penchait pour la revision », fut *révoqué* après enquête.

Puis ce fut le tour du **lieutenant Chaplain**, jeune officier du plus brillant avenir, mis en *retrait d'emploi* pour avoir émis des doutes sur la *manière loyale* dont on avait condamné le capitaine Dreyfus.

Pour avoir osé, sur la tombe de **M. Couat**, faire l'apologie des idées de justice et de vérité qui avaient hanté cet esprit indépendant, **M. Stapfer**, professeur à la Faculté des lettres de Bordeaux, un de nos savants les plus éminents, fut suspendu de ses fonctions, **provisoirement**! Comme **provisoirement** Zola fut rayé des cadres de la Légion d'honneur, comme **provisoirement** on a jeté le colonel Picquart dans un cachot — pour le faire taire — **provisoirement**!

« Le sieur X..., *membre de l'Institut*, pour avoir prononcé les mots *Justice* et *Vérité*, est *suspendu provisoirement*.

« Le général Didon et le Père Jamont sont chargés de
l'*exécution* du présent décret.

« Signé : BOURGEOIS. »

Une mesure RADICALE.

UN " MONSIEUR "

J'ai dit à une audience précédente que tout
était étrange dans cette affaire; mais ce que je
trouve encore de plus étrange, et je le dis en face,
c'est l'assistance d'un « MONSIEUR » qui porte
encore l'uniforme de l'armée française, et qui est
venu ici, à la barre, accuser trois officiers géné-
raux d'avoir fait *un faux et de s'en être servi.*

Général DE PELLIEUX.

Un " Monsieur "

Parfaitement, mon général, **un « monsieur »** qui relève la corporation.

Un monsieur qui, ayant découvert que le bordereau était d'Esterhazy, n'a point voulu qu'un innocent expiât au bagne le crime d'un autre.

Un monsieur qui supplie ses chefs d'éviter le scandale.

« Je crois, — écrit-il au général Gonse, — avoir fait le nécessaire pour que l'initiative vienne de nous.

« Si l'on perd trop de temps, l'initiative viendra d'ailleurs, ce qui, faisant abstraction de considérations plus élevées, ne nous donnera pas le beau rôle…

« Ce sera une crise fâcheuse, inutile, et que l'on pourrait éviter en faisant justice à temps. »

Un monsieur à qui l'on disait : « **Mais enfin, ce n'est pas vous qui êtes à l'île du Diable !** »

Et qui répondait : *« Croyez-vous que je descendrai au tombeau avec un pareil secret sur la conscience? »*

Un monsieur qui eut le courage de témoigner selon sa conscience — au procès Zola — sachant que la **peine suspendue sur sa tête** serait inique, monstrueuse, briserait sa carrière, sa vie, son honneur peut-être !

Un monsieur qui s'offrit à prouver, avant que le faux d'Henry fût affiché sur les murs de nos 36,000 communes, que c'était un faux !

Un monsieur qui, dans un cachot, expie le crime d'avoir voulu la lumière, la justice, la vérité.

Un monsieur comme ça est non seulement l'honneur de l'armée, mais encore l'honneur du pays. .

Et il est regrettable qu'il n'y ait eu qu'un tel « **monsieur** » parmi ces messieurs de l'état-major.

UNE « PAGE D'HISTOIRE »

L'honneur de l'armée exige çà !

LES FAUSSAIRES

> L'affaire Dreyfus, c'est le chef-d'œuvre de l'état-major.
>
> Colonel SANDHERR.

> Et on nous dit qu'en balayant toute cette honte nous compromettons la France !
>
> Jean JAURÈS.

Les Faussaires

On en a découvert deux, **on découvrira les autres!**

Car il est impossible qu'il n'y ait eu que deux individus, même aidés par Esterhazy et la fille Pays, pour fabriquer le nombre incalculable de faux qui encombrent les cartons de l'Etat-Major.

Nous avons le droit de dire cela, puisque sur **mille** pièces que Cavaignac nous dénonce à la tribune comme prouvant irréfutablement la culpabilité de Dreyfus, il ne nous en a sorti que trois — les plus probantes — **et que ces trois pièces étaient des faux!** fabriqués par le colonel Henry, l'accusateur de Dreyfus.

Nous avons le droit de dire cela, puisque le même Henry n'accusait dans sa déposition que **huit** ou **neuf** pièces au dossier Dreyfus.

Nous avons le droit de dire cela, puisqu'on a laissé au colonel Henry un rasoir avec lequel il s'est coupé la gorge.

Nous avons le droit de dire cela, puisque le lieutenant-colonel du Paty de Clam, après avoir été pendant quinze jours par le *Siècle* accusé de faux et de complicité de faux, non seulement **n'a pas répondu**, mais s'est encore vu infliger une peine disciplinaire par le général Zurlinden, ministre de la Guerre.

LA BANDE

(La suite à demain.)

On découvrira les autres faussaires :

L'auteur de la **fausse photographie** représentant Picquart en conversation avec Schwarzkoppen ;

Le naïf et criminel **auteur de la lettre de Guillaume II à Dreyfus,** — car enfin elle existe, puisque Rochefort et Millevoye nous l'ont certifié ;

Le lâche fournisseur des **faux renseignements** concernant le père d'Emile Zola, communiqués officiellement (?) au Judet du *Petit Journal*, cet autre empoisonneur du peuple dont les responsabilités seront un jour établies. — Ce jour-là, du reste, le million de lecteurs ne s'embêtera pas !

Et nous non plus !

AU MINISTÈRE DE LA GUERRE

(Des Fuites.)

— Tenez, planton, vous irez au **PETIT JOURNAL**, vous demanderez
monsieur Judet, et vous lui remettrez ça...

Ce jour-là nous aurons le droit de **poser toutes les questions**; on y répondra autrement que par la fuite ou par le suicide ; l'épuration sera complète, pour l'honneur de l'armée comme pour l'honneur du pays.

Et ce sera Justice!

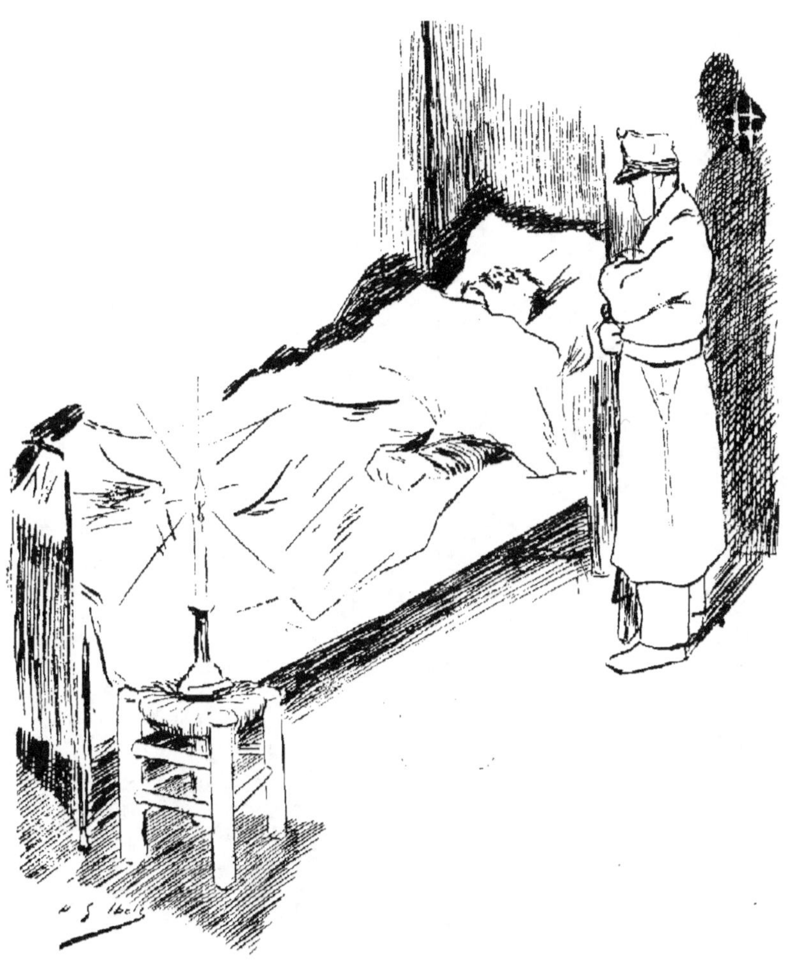

La question a été posée !